Die Darstellung des Attentats auf Kaiserin Elisabeth von Österreich in der bayerischen Presse

Sophia Rauch

Bibliografische Information der Deutschen Nationalbibliothek:

Die Deutsche Nationalbibliothek verzeichnet diese Publikation in der Deutschen Nationalbibliografie; detaillierte bibliografische Daten sind im Internet über http://dnb.d-nb.de abrufbar.

ISBN: 9783346294609
Dieses Buch ist auch als E-Book erhältlich.

Druck und Bindung: Books on Demand GmbH, Norderstedt Germany
Gedruckt auf säurefreiem Papier aus verantwortungsvollen Quellen

Das vorliegende Werk wurde sorgfältig erarbeitet. Dennoch übernehmen Autoren und Verlag für die Richtigkeit von Angaben, Hinweisen, Links und Ratschlägen sowie eventuelle Druckfehler keine Haftung.

Das Buch bei GRIN: https://www.grin.com/document/951581

Otto-Friedrich-Universität Bamberg
Fakultät für Geistes- und Kulturwissenschaften
Institut für Fränkische Landesgeschichte
Proseminar: Phantome des Terrors? Politisch motivierte Gewalt im 19. Jahrhundert
Wintersemester 2018/2019

Die Darstellung des Attentats auf Kaiserin Elisabeth von Österreich in der bayerischen Presse

Sophia Brigitta Rauch
Lehramt an Grundschulen
Hauptfach: Geschichte
Didaktikkombination: Deutsch – Mathematik – Kunst
3. Fachsemester

Inhaltsverzeichnis

1 Einleitung

„Schweizer, Ihr Gebirg ist herrlich! Ihre Uhren gehen gut; Doch für uns ist höchst ge-
fährlich Ihre Königsmörderbrut."[1] Mit diesem Vers beklagte Kaiserin Elisabeth von Österreich bereits 1887 die recht offene Asylpolitik der Schweiz gegenüber den Anarchisten.[2] Ihre Befürchtung, in der Schweiz von einem Anarchisten ermordet werden zu
können, bewahrheitete sich am 10. September 1898, als sie einem Anschlag des Anarchisten Luigi Lucheni zum Opfer fiel. Nach der Definition des Historischen Lexikon
Bayerns strebt ein Anarchist ein herrschafts-, klassen- und gewaltloses Zusammenle-
ben ohne staatliche Ordnung an.[3] Die Ermordung der Kaiserin von Österreich und Königin von Ungarn erregte in den darauffolgenden Tagen sowohl national als auch in-
ternational großes Aufsehen. Auch die bayerische Presse berichtete über das Attentat.
Diese Arbeit geht daher der Frage nach, welche politischen Tendenzen in Berichterstattungen der bayerischen Presse zum Attentat auf Kaiserin Elisabeth sichtbar werden. Um diese Frage zu beantworten, wird exemplarisch eine sozialdemokratische
Zeitung mit einer konservativen Zeitung verglichen. Als Quellen dienen hierfür die Ausgaben des Bamberger Tagblatts und der Fränkischen Tagespost im Zeitraum vom 12.
bis 19. September 1898. Bei der Analyse der beiden Zeitungen werden Umfang und
Inhalt der Berichterstattungen, die Reaktionen auf das Attentat, die Charakterisierung
des Attentäters, sowie die daraus resultierende Schuldfrage untersucht. Zuvor werden
die Hintergründe des Attentats dargestellt und der Verlauf des Attentats rekonstruiert.
Anschließend werden die Folgen für den Attentäter erläutert. Zum Schluss werden die
Erkenntnisse der Zeitungsanalyse in einem Fazit zusammengetragen.

Laut Alexander Demandt ist ein Attentat „der von Einzelnen oder Verschwörergruppen
mit geringen Mitteln unternommene, durch Geheimhaltung, List und Überraschung
aussichtsreiche und dennoch unkalkulierbare Anschlag auf eine führende Persönlichkeit oder eine Versammlung, auf ein repräsentatives Bauwerk oder Fahrzeug, meist
mit Tötungsabsicht, selten ohne Todesfolge. Das Motiv ist gewöhnlich im weiteren
Sinne politisch, bisweilen Ruhmsucht oder einfach Rache."[4]

---

[1] Brigitte Hamann, Das poetische Tagebuch (Fontes rerum Austriacarum 12), Wien 1984, S. 158.

[2] Vgl. Brigitte Hamann, Elisabeth. Kaiserin wider Willen, Wien/München 1982, S. 597 (=Hamann, Elisabeth).

[3] Vgl. Ulrich Linse, Anarchismus, in: Historisches Lexikon Bayerns, URL: <https://www.historisches-le-
xikon-bayerns.de/Lexikon/Anarchismus>

[4] Vgl. Alexander Demandt, Das Attentat als Ereignis, in: Alexander Demandt (Hg.), Das Attentat in der
Geschichte, Köln u. a. 1996, S. 449.

2 Das Attentat auf Kaiserin Elisabeth von Österreich

2.1 Die Hintergründe des Attentats

Ein Blick auf die Biografie der Kaiserin verrät, dass Elisabeth in ihrem Leben viele Schicksalsschläge zu erleiden hatte. Bereits im Alter von 19 Jahren musste die junge Kaiserin erleben, wie ihre zweijährige Tochter während einer Reise nach Budapest erkrankte und nur wenige Tage später starb.[5] Der Tod ihrer Tochter sollte jedoch nicht ihr einziger Verlust bleiben. Am 30. Januar 1889 beging Rudolf, ihr einziger Sohn und Thronfolger von Österreich, mit seiner Geliebten Mary Vetsera Selbstmord.[6] Obwohl das Verhältnis zwischen der Kaiserin und ihrem Sohn eher distanziert war, markierte dieses Ereignis eine einschneidende Zäsur in ihrem Leben. Von diesem Zeitpunkt an trug sie nur noch schwarze Kleidung und mied jegliche Form des öffentlichen Auftretens. Fächer und Schirme wurden zu ihren ständigen Begleitern, um sich vor den Blicken der Öffentlichkeit zu schützen. Von ihren Beobachtern wurde sie als „Mater dolorosa"[7] stilisiert.[8] In den darauffolgenden Jahren zog sich die Kaiserin zunehmend zurück. Nach der Hochzeit ihrer Tochter Valerie im Jahr 1890 verließ sie Österreich und reiste quer durch Europa.[9] Elisabeth äußerte vor allem in ihren letzten Lebensjahren immer wieder Todessehnsüchte, die sie auch in ihren zahlreichen Gedichten thematisierte.[10] Aufgrund der Diagnose einer Herzschwäche begab sie sich am 30. August 1898 zur Erholung an den Luftkurort Caux. In den nachfolgenden Tagen unternahm sie zahlreiche Wanderungen und Ausflüge.[11] Am 9. September machte sie sich mit dem Schiff auf den Weg nach Genf, um von dort aus mit dem Wagen die Baronin Rothschild in Pregny zu besuchen. Nach einem dreistündigen Aufenthalt kehrte sie nach Genf zurück und ließ sich im Hotel Beau-Rivage inkognito als Gräfin von Hohenembs nieder, um am nächsten Tag mit dem Schiff nach Caux zurück zu kehren.[12]

---

[5] Vgl. Hamann, Elisabeth, S. 199f.

[6] Vgl. Katrin Unterreiner, Sisi. Mythos und Wahrheit, Wien 2015, S. 61f. (= Unterreiner, Sisi).

[7] „Mater dolorsa" (lat. für „schmerzensreiche Mutter") ist eine im Rahmen der Marienverehrung gebrauchte Bezeichnung zur Darstellung der Schmerzen Marias aufgrund der Sorge um ihren Sohn Jesus Christus.

[8] Vgl. Unterreiner, Sisi, S. 95-99.

[9] Vgl. Gaby Schuster, Sissi. Schicksal einer Kaiserin, Bindlach 1999, S. 299f. (= Schuster, Sissi).

[10] Vgl. Michaela Vocelka/ Karl Vocelka, Sisi. Leben und Legende einer Kaiserin (Beck'sche Reihe 2829), München 2014, S. 95 (= Vocelka, Sisi).

[11] Vgl. Barbara Demandt, Das Attentat auf Kaiserin Elisabeth von Österreich 1898, in: Alexander Demandt (Hg.), Das Attentat in der Geschichte, Köln u. a. 1996, S. 267f. (= Demandt, Das Attentat).

[12] Vgl. Ebd., S. 270-272.

Zur selben Zeit verweilte auch der Anarchist Luigi Lucheni in Genf. Lucheni wurde am 23. April 1873 als Sohn einer italienischen Arbeiterin in Paris geboren. Seine Kindheit verbrachte er in zahlreichen Waisenhäusern und Pflegefamilien. Er musste bereits als Kind hart arbeiten und sich sein Geld als Hilfsarbeiter verdienen. 1894 trat er dem italienischen Militär bei, um dort seinen dreieinhalbjährigen Wehrdienst abzuleisten. Da er sich während seiner Zeit beim Militär als guter Soldat erwies, wurde er im drauffolgenden Jahr vom Prinzen von Aragona als Diener eingestellt. Nach kurzer Zeit beendete er jedoch seine Dienste für den Prinzen, da er sich der Arbeit als Diener nicht würdig fühlte. Aufgrund dieser Entscheidung gelang es Lucheni nicht mehr ein geregeltes Leben zu führen.[13] Sein Scheitern in der Gesellschaft und die damit verbundene Armut führten zu einem zunehmenden Hass auf den Adel und die Monarchie. Aus diesem Grund schloss er sich einer Gruppe von Anarchisten an und wanderte in die Schweiz aus. Der Ideologie des Anarchismus verschrieben, machte es sich Lucheni zur Aufgabe, eine repräsentative Figur der Monarchie umzubringen, um sich für das Leid der Arbeiterklasse zu rächen. Ursprünglich verfolgte er den Plan, den italienischen König Umberto I. zu töten. Da ihm aber das nötige Geld für eine Reise nach Italien fehlte, musste er sich ein geeignetes Opfer in der Schweiz suchen. Auch sein nächstes Vorhaben, den französischen Prinzen Henri Philippe d'Orléans um zu bringen, scheiterte, da dieser nicht nach Genf gekommen war.[14] Genau zu diesem Zeitpunkt erfuhr Lucheni durch die Presse vom Aufenthalt der Kaiserin in Genf und änderte daraufhin seinen Mordplan.[15]

2.2 Der Verlauf des Attentats vom 10. September 1898

Am 10. September 1898 verließ die Kaiserin um 13 Uhr 35 das Hotel Beau Rivage und machte sich auf den Weg zur Schiffsanlegestelle am Quai du Mont Blanc.[16] Sie beabsichtigte mit dem Dampfer um 13 Uhr 40 nach Caux zu ihrem Kurhotel zurück zu kehren.[17] Da sie wie üblich jegliche Sicherheitsüberwachung ablehnte, legte sie den Weg zur Anlegestelle nur in Begleitung ihrer Hofdame, Irma Sztáray, zurück.[18] Als sie am

---

[13] Vgl. Demandt, Das Attentat, S. 289.
[14] Vgl. Vocelka, Sisi, S. 97.
[15] Vgl. Schuster, Sissi, S. 306.
[16] Vgl. Demandt, das Attentat, S. 275.
[17] Vgl. Maria Matray / Answald Krüger, Das Attentat. Der Tod der Kaiserin Elisabeth und die Tat des Anarchisten Lucheni, München 2000, S.11 (=Matray / Krüger, Das Attentat).
[18] Vgl. Vocelka, Sisi, S. 96.

Ufer entlang liefen, bemerkte Sztáray einen Mann, der sich hinter den Bäumen am Wegrand versteckte.[19] Dieser Mann war Luigi Lucheni. Einen Augenblick später stürmte er bereits auf die Kaiserin zu und stach ihr mit einer selbstkonstruierten Drei-kantfeile in die Brust (s. Abbildung 1). Daraufhin sank Elisabeth zu Boden.[20] Da sowohl die Kaiserin, als auch die Hofdame davon ausgingen, dass Lucheni sie nur durch einen Faustschlag zu Boden gestoßen hatte, setzten sie ihren Weg zur Anlegestelle fort. Auf dem Schiff angekommen, klagte die Kaiserin jedoch über Brustschmerzen und brach zusammen.[21] Rückblickend schilderte Irma Sztáray in ihrer Monographie die darauf-folgenden Minuten:

> „Die Kaiserin trug ein kleines schwarzes Seidenfigaro, das ich, um ihr auch diese Erleich-
> terung zu verschaffen, über der Brust öffnen wollte. Als ich die Bänder auseinanderriß,
> bemerkte ich auf dem darunter befindlichen Batisthemde in der Nähe des Herzens einen
> dunklen Fleck in Größe eines Silberguldens [...] Das Hemd beiseite schiebend, entdeckte
> ich in der Herzgegend eine kleine, dreieckige Wunde, an der ein Tropfen gestockten Blutes
> klebte. Luccheni hat die Kaiserin erdolcht."[22]

Als Sztáray erkannte, dass die Kaiserin verwundet worden war, bat sie den Kapitän des Schiffes zur Anlegestelle zurück zu kehren. Am Ufer angekommen, wurde Elisa-beth von sechs Matrosen auf einer provisorischen Trage zurück in das Hotel Beau Rivage getragen. Zu diesem Zeitpunkt war sie bereits bewusstlos. Im Hotelzimmer versuchten anschließend zwei Ärzte vergeblich ihr Leben zu retten. Kaiserin Elisabeth von Österreich verstarb am 10. September 1898, um 14 Uhr 40.[23]

2.3   Die Folgen des Attentats – Was passierte mit Luigi Lucheni?

Nachdem Lucheni die Kaiserin zu Boden gestoßen hatte, warf er die Mordwaffe von sich und floh.[24] Einigen aufmerksamen Passanten gelang es jedoch, Lucheni fest zu halten und ihn an die Polizei zu übergeben. Eine zeitgenössische Fotografie zeigt wie Lucheni, sichtlich stolz über seine Tat, von zwei Gendarmen abgeführt wurde (s.

---

[19] Vgl. Irma Gräfin Sztáray, Aus den letzten Jahren der Kaiserin Elisabeth, Wien 2004, S. 277 (= Sztáray, Aus den letzten Jahren).
[20] Vgl. Unterreiner, Sisi, S. 121.
[21] Vgl. Demandt, Das Attentat, S. 276f.
[22] Sztáray, Aus den letzten Jahren, S. 234f.
[23] Vgl. Demandt, S. 277.
[24] Vgl. Unterreiner, Sisi, S. 125.

Abbildung 2).[25] Im Genfer Justizpalast musste er sich anschließend einem ersten Verhör unterziehen. Auf die Frage des Untersuchungsrichters Charles Léchet, ob er sich zu seiner Tat äußern möchte, antwortete Lucheni: „Ich bekenne, daß es meine wohlüberlegte Absicht war, die österreichische Kaiserin zu töten, und daß mich die Nachricht von ihrem Tod gefreut hat. Ich bin Anarchist!"[26] Nach dem Verhör wurde er in das Gefängnis Saint Antoine abgeführt. [27] Zumal es Lucheni als Untersuchungsgefangener gestattet war Briefe zu schreiben und Zeitung zu lesen, verfasste er am nächsten Tag einen Brief an den Chefredakteur der als liberal geltenden Zeitung Don Marzio aus Neapel (s. Abbildung 3). In diesem Brief gab er unter anderem folgende Erklärung ab:

> „Wenn die herrschenden Klassen nicht aufhören, die Blutsauger ihrer Mitmenschen zu sein, werden sich die gerechten Schläge, wie die des Endunterzeichneten, in kurzen Abständen wiederholen! Der Tag ist nicht mehr fern, wo die wahren Freunde der Menschheit alles ausradieren werden, was heute geschrieben steht. Um eine neue Welt zu bauen, wird dann ein einziger Satz genügen, und der lautet: NUR WER ARBEITET, DARF ESSEN!"[28]

Den Brief unterzeichnete er mit „Luigi Lucheni, sehr überzeugter Anarchist."[29] Da Lechét der Überzeugung war, dass Lucheni Mitglied einer anarchistischen Organisation sei, ließ er in den darauffolgenden Tagen mehrere Verdächtige festnehmen. Diese musste er jedoch aufgrund der mangelnden Beweislage nach kurzer Zeit wieder frei lassen.[30] In einem weiteren Verhör betonte Lucheni: „Ich bin individueller Anarchist. Ich lehne jede Art von Zusammenschluß ab. Die wahre anarchistische Idee duldet keinerlei Organisation."[31] Am 10. November 1898, genau zwei Monate nach dem Attentat, begann der Prozess gegen Luigi Lucheni im Genfer Justizpalast. Lucheni betrat den Gerichtssaal mit einem Lächeln.[32] Während des Verhörs wurde er gefragt, ob er seine Tat bereue. Er erwiderte daraufhin: „Haben diejenigen Gewissensbisse, die die Arbeiter seit Jahrhunderten ausbeuten und unterdrücken? Ich bereue nichts!"[33]. Nach einer fünfzehnminütigen Beratung der Jury wurde Lucheni in allen Punkten für schuldig

---

[25] Vgl. Vocelka, Sisi, S. 97.
[26] Matray / Krüger, Das Attentat, S. 24.
[27] Vgl. Ebd., S. 25.
[28] Ebd., S. 63.
[29] Ebd., S. 63.
[30] Vgl. Luigi Lucheni, »Ich bereue nichts«. Die Aufzeichnungen des Sisi-Mörders, München 2000, S. 44 (= Lucheni, »Ich bereue nichts«).
[31] Matray / Krüger, Das Attentat, S. 82.
[32] Vgl. Lucheni, »Ich bereue nichts«, S. 54f.
[33] Matray / Krüger, Das Attentat, S. 321.

erklärt und zu lebenslanger Haft verurteilt.[34] Sein Wunsch, nach Italien ausgeliefert zu werden, wo die Todesstrafe noch existierte, wurde ihm verwehrt.[35] Als man ihn aus dem Gerichtssaal abführte, rief er: „Es lebe die Anarchie. Nieder mit den Aristokraten!"[36] Am nächsten Tag wurde Lucheni in das Évêché-Strafgefängnis überführt.[37] Dort verbrachte er die nächsten 11 Jahre in einer Einzelzelle, bis er sich am 19. Oktober 1910 mit einem Gürtel erhängte. Die Schweiz trennte daraufhin Luchenis Kopf von seinem Körper ab und übergab ihn an Österreich-Ungarn.[38]

3 Vergleichende Darstellung des Attentats in der bayerischen Presse

Die Nachricht vom Tod der österreichischen Kaiserin Elisabeth verbreitete sich in den Tagen nach dem Anschlag wie ein Lauffeuer. Auch die bayerischen Zeitungen informierten ihre Leser über die Mordtat, die sich in Genf zugetragen hatte. Dies geschah jedoch in unterschiedlicher Darstellungsweise. Im Folgenden werden die Meldungen der sozialdemokratischen „Fränkischen Tagespost" mit den Berichterstattungen des als konservativ einzustufenden „Bamberger Tagblatts" im Zeitraum vom 12. September bis zum 19. September 1898 verglichen. Näher betrachtet werden hierbei Umfang und Inhalt der Berichterstattungen, die Reaktionen auf das Attentat, die Charakterisierung des Attentäters, sowie die Schuldfrage.

3.1 Umfang und Inhalt der Berichterstattungen

Im Bamberger Tagblatt waren vom 12. September bis zum 19. September 1898 täglich Meldungen über das Attentat und den fortschreitenden Ermittlungsverlauf zu finden. Die Ausgabe vom Montag, den 12. September 1898 enthielt fast ausschließlich Meldungen, die sich auf das Attentat bezogen. Gleich auf der Titelseite berichtete die Zeitung von der Ermordung der österreichischen Kaiserin. Zwar gab es keine Überschrift, aber in der ersten Zeile war direkt zu lesen: „Die Kaiserin Elisabeth von Oesterreich ist durch Meuchelmörderhand dahingeganen"[39]. Darunter wurden die offiziellen Nach-

---

[34] Vgl. Lucheni, »Ich bereue nichts«, S. 65.
[35] Vgl. Vocelka, Sisi, S. 98.
[36] Lucheni, »Ich bereue nichts«, S. 65.
[37] Vgl. Ebd., S. 70.
[38] Vgl. Vocelka, Sisi, S. 99.
[39] Bamberger Tagblatt, 12. September 1898, Nr. 210.

richten aus Genf vom 10. und 11. September veröffentlicht, die die Umstände und den Hergang des Attentats schilderten. Weitere Nachrichten vom 11. September 1898 waren auf Seite 4f. zu finden. Diese beinhalteten den Bericht eines Mannes, der sich auf dem selben Schiff wie die Kaiserin befand und die Behandlung der Kaiserin an Bord schilderte. Ferner wurde über eine erste Äußerung des Kaisers zur Ermordung seiner Ehefrau und über die Überführung der Leiche nach Wien berichtet. Im nächsten Abschnitt folgte ein kurzer Abriss der Biografie Elisabeths. Auch das Resultat der ärztlichen Untersuchung der Leiche wurde veröffentlicht. Der letzte Abschnitt handelte von der Festnahme Luchenis.[40] Die Ausgabe vom 13. September 1898 beinhaltete die Darstellung des Attentats aus Sicht der Hofdame Irma Sztáray, sowie die Meldung, dass Kaiser Franz Joseph eine Obduktion der Leiche zustimme.[41] Am Mittwoch, den 14. September 1898 wurden die Leser des Bamberger Tagblatts über den Ermittlungsverlauf zum Attentat in Kenntnis gesetzt. Außerdem beinhaltete die Ausgabe einen Aufruf zur Trauerkundgebung am Place des Alpes in Genf.[42] In den folgenden Ausgaben verkürzten sich die Beiträge bezüglich des Attentats. Die Meldungen vom 15. September 1898 berichteten knapp über die bevorstehende Leichenfeier und die Aussagen Luchenis in einem ersten Verhör.[43] Am Freitag, den 16. September 1898 vermeldete die Zeitung Ausschreitungen gegen italienische Arbeiter in zahlreichen Städten.[44] Die Berichterstattungen zum Attentat endeten am Montag, den 19. September 1898 mit einem Bericht zur Leichenfeier der Kaiserin in Wien und der Nachricht, dass Lucheni in das Gefängnis St. Antoine überführt worden war.

Auch die Fränkische Tagespost befasste sich über mehrere Tage hinweg mit dem Anschlag auf Kaiserin Elisabeth. Im Zeitraum vom 12. September bis zum 17. September 1898 berichtete sie täglich von der Tat des Anarchisten Luigi Lucheni und den Folgen des Anschlags. Der Umfang der Meldungen war hier jedoch signifikant kürzer. Bei der Betrachtung der einzelnen Ausgaben wurde außerdem deutlich, dass sich die Beiträge zum Attentat auf die politische Ebene beschränkten. Ähnlich wie das Bamberger Tagblatt, informierte auch die Fränkischen Tagespost am Montag, den 12. September 1898 seine Leser über die Ermordung der Kaiserin von Österreich.[45] „Eine Kaiserin

---

[40] Vgl. Bamberger Tagblatt, 12. September 1898, Nr. 210.
[41] Vgl. Bamberger Tagblatt, 13. September 1898, Nr. 211.
[42] Vgl. Bamberger Tagblatt, 14. September 1898, Nr. 212.
[43] Vgl. Bamberger Tagblatt, 15. September 1898, Nr. 213.
[44] Vgl. Bamberger Tagblatt, 16. September 1898, Nr. 214.
[45] Vgl. Bamberger Tagblatt, 19. September 1898, Nr. 215.

ermordet."[46], lautete die Überschrift auf der Titelseite. Darunter wurde der Leser über den Verlauf des Attentats und die Verhaftung Luchenis in Kenntnis gesetzt. Anschließend folgte eine kurze Biografie der Kaiserin, eine Beurteilung des Mörders Luigi Lucheni, sowie eine Äußerung zum Attentäter der sozialdemokratischen Zeitung Vorwärts.[47] In der Ausgabe vom 13. September 1898 bezog sich der Beitrag zum Attentat auf die politische Orientierung Luchenis. Die Fränkische Tagespost setzte sich gegen die Vorwürfe nationalliberaler Zeitschriften, die die Sozialdemokratie mit dem Anarchismus gleichsetzten, zur Wehr.[48] Auch der Bericht vom 14. September 1898 beschäftigte sich mit politischen Schuldzuweisungen. Die Fränkische Tagespost verfolgte deutlich den Kurs, die italienische Regierung für das Attentat verantwortlich zu machen.[49] Zudem äußerte die Zeitung in der Ausgabe vom 15. September 1898 die Verschwörungstheorie, dass Lucheni Teil eines anarchistischen Komplotts sei, dem auch ein Spitzel der italienischen Polizei angehöre. Der Anschlag soll demnach von der italienischen Polizei inszeniert worden sein, um das Schweizer Asylrecht für Anarchisten abzuschaffen.[50] Die darauffolgenden Meldungen vom 16. und 17. September 1898 thematisierten die Vermutungen eines anarchistischen Komplotts noch etwas ausführlicher.[51]

3.2 Die Reaktion auf das Attentat

Das Bamberger Tagblatt zeigte sich sichtlich betroffen von der Ermordung der österreichischen Kaiserin. „Die ganze civilisierte Welt ist empört über die scheußliche Mordthat."[52], hieß es in einer Ausgabe. Des Weiteren zitierte das Blatt eine Aussage der Kölner Zeitung, in der die Verständnislosigkeit gegenüber der Ermordung der Kaiserin zum Ausdruck kam:

---

[46] Fränkische Tagespost, 12. September 1898, Nr. 213.
[47] Vgl. Fränkische Tagespost, 12. September 1898, Nr. 213.
[48] Vgl. Fränkische Tagespost, 13. September 1898, Nr. 214.
[49] Vgl. Fränkische Tagespost, 14. September 1898, Nr. 215.
[50] Vgl. Fränkische Tagespost, 15. September 1898, Nr. 216.
[51] Vgl. Fränkische Tagespost, 16. – 17. September 1898, Nr. 217 – 218.
[52] Bamberger Tagblatt, 13. September 1898, Nr. 211.

„Man kann es verstehen, wenn eine politische Persönlichkeit, die mit starker Hand in die Geschichte der Menschheit eingegriffen [hat], [...] den Angriffen verbrecherischer Fanatiker ausgesetzt waren – aber eine Frau, eine wehrlose schwache Frau mit weißen Haaren, die nie eine politische Rolle gespielt [hat], [...] niederzustechen, daß ist einem gesitteten Menschen unfaßbar, unbegreiflich."[53]

Im Gegensatz zur Fränkischen Tagespost, veröffentlichte das Bamberger Tagblatt außerdem Meldungen, die den Leser über Trauerkundgebungen und den weiteren Umgang mit der Leiche der Kaiserin informierten.[54] Auch über die Beerdigung der Kaiserin wurde berichtet.[55] Dies vermittelte ein gewisses Interesse an der Kaiserin als Person und drückte die Betroffenheit aufgrund ihres Todes aus. Die Mitteilungen über den Gemütszustand von Kaiser Franz Joseph deuteten außerdem darauf hin, dass die Zeitung am Wohlergehen der Kaiserfamilie interessiert war und an der Trauer teilnahm.[56] Die Fränkische Tagespost hingegen schien sich nur für die politischen Folgen des Attentats zu interessieren. Bereits die Überschrift der Ausgabe vom 12. September 1898, die da lautete: „Eine Kaiserin ermordet"[57], wirkte sehr kühl und distanziert. Zwar betitelte die Zeitung das Attentat als „grauenhaftes Ereignis"[58], aber ein Gefühl von Betroffenheit und Trauer ging nicht aus den Beiträgen hervor. Auch die Anteilnahme am Tod der Kaiserin wirkte eher zurückhaltend: „Das Mitgefühl jedes menschlich Fühlenden wird der unglücklichen Frau und den ihr verwandtschaftlich Nahestehenden nicht versagt sein."[59] Nach der Schilderung des Tathergangs und einer kurzen Biografie der Kaiserin, handelten die Meldungen der Fränkischen Tagespost eher von politische Schuldzuweisungen als vom Tod der Kaiserin. Von Trauerkundgebungen oder der Beerdigung der Kaiserin wurde nicht berichtet. Viel mehr stand im Vordergrund, sich von den politischen Ansichten des Attentäters Luigi Lucheni zu distanzieren und die italienische Regierung für den Anschlag verantwortlich zu machen.[60]

---

[53] Ebd.
[54] Vgl. Bamberger Tagblatt, 13. – 14. September 1898, Nr. 211 – 212.
[55] Vgl. Bamberger Tagblatt, 19. September 1898, Nr. 215.
[56] Vgl. Bamberger Tagblatt, 12. – 13. September 1898, Nr. 210 – 211.
[57] Fränkische Tagespost, 12. September 1898, Nr. 213.
[58] Ebd.
[59] Ebd.
[60] Vgl. Fränkische Tagespost, 13. – 14. September 1898, Nr. 214 – 215.

3.3 Die Charakterisierung des Attentäters

Im Bamberger Tagblatt wurde Luigi Lucheni als „italienischer Anarchist"[61] betitelt. Der Verlauf des Attentats sowie die Verhaftung Luchenis wurden in den Beiträgen der Zeitung auf neutrale Weise geschildert.[62] Eine genauere Charakterisierung oder eine Interpretation seines Verhaltens wurden nicht vorgenommen. In den Meldungen wurde er lediglich als Mörder bezeichnet. Insgesamt handelten die Beiträge des Bamberger Tagblatts ohnehin mehr von Kaiserin Elisabeth als von ihrem Mörder Lucheni.[63] Die Fränkische Tagespost hingegen nahm eine ausführlichere Charakterisierung Luchenis vor: „Aus dem Benehmen des Unseligen, der nach seiner Verhaftung singend durch die Straßen zog, geht mit größter Wahrscheinlichkeit hervor, daß er geistesgestört ist."[64] Ferner wurde die Vermutung geäußert, dass sein Verhalten auf eine gescheiterte Erziehung und ein Leben in Armut zurück zu führen sei. Hierzu wurde geschrieben:

> „Sein Lebenslauf wird vermuthlich nicht anders gewesen sein, als der von Hunderten und Tausenden anderer Aermsten der Armen, die […] ihre kümmerliche Jugend unter der Brut des Lumpenproletariats verleben, früh schon dem Verbrechen und der Sittenlosigkeit Zeuge sind und dann ohne den festen Halt geordneter Familienverhältnisse oder züchtiger Erziehung in den unerbittlichen Kampf des Lebens hinausgestoßen werden."[65]

Diese Darstellung erweckt den Eindruck, als hätte die Fränkische Tagespost Lucheni bewusst als geisteskrank bezeichnet, um sich von seiner Gewalttat und seinen politischen Ansichten zu distanzieren. Denn in einem weiteren Absatz verdeutlichte die Zeitung, „daß Niemand mehr und aufrichtiger die nichtsbeweisenden Thaten der Brutalität verabscheut als die Sozialdemokratie, deren ganze Weltanschauung sie von alledem weit abführt."[66] Durch diese Stellungnahme versuchte die Fränkische Tagespost dem Vorwurf nationalliberaler Zeitungen, den Anschlag des Anarchisten zu unterstützen, entgegen zu wirken.[67]

[61] Bamberger Tagblatt, 12. September 1898, Nr. 210.
[62] Vgl. Bamberger Tagblatt, 12. – 13. September 1898, Nr. 214 – 215.
[63] Vgl. Bamberger Tagblatt, 15. – 16. September 1898, Nr. 213 – 214.
[64] Fränkische Tagespost, 12. September 1898, Nr. 213.
[65] Ebd.
[66] Ebd.
[67] Vgl. Fränkische Tagespost, 13. September 1898, Nr. 214.

3.4 Die Schuldfrage

„Die Ermordung der Kaiserin von Oesterreich wird in der ganzen zivilisirten Welt als die grauenhafteste Schandthat hingestellt, deren sich der fluchbeladene Anarchismus der That bisher schuldig gemacht hat."[68] – Das vom Bamberger Tagblatt veröffentlichte Zitat der Norddeutschen Allgemeinen Zeitung lässt erkennen, dass das Blatt dem Anarchismus und dessen Anhängern die Schuld am Tod der Kaiserin zu wies. Insbesondere natürlich Luigi Lucheni, der die Mordtat begangen hat. In einer Meldung wurde die Verhaftung Luchenis und dessen Überführung in den Genfer Justizpalast geschildert. Dazu berichtete die Zeitung: „Luccheni (geb. 1873) muß nach Genfer Gesetz abgeurtheilt werden, kann demnach nur lebenslänglichen Kerker erhalten."[69] Die Fränkische Tagespost verfolgte hingegen einen anderen Kurs. Zwar war die Schuld Luchenis am Tod der Kaiserin unbestreitbar, aber verantwortlich für den Anschlag auf die Kaiserin machte sie die italienische Regierung.[70] Die Zeitung kritisierte die ungenügende Bildung und die Armut der italienischen Bevölkerung und betonte, dass die Schuld am „fast unglaublich sittlichen Tiefstand des italienischen Volkes [...] das herrschende Regime [trägt]."[71] Darüber hinaus wurde die Vermutung geäußert, dass Lucheni das Attentat nicht aus politischen Beweggründen ausgeübt habe, sondern als Vollzieher eines vorgetäuschten anarchistischen Komplotts fungierte. Dieser soll von der italienischen Polizei geplant worden sein, um durch das Attentat die Aufhebung des Schweizer Asylrechts für Anarchisten zu erreichen.[72] Die Fränkische Tagespost appellierte daher an ihre Leser: „Will man außer dem Meuchelmörder noch weitere Schuldige, dann wende man sich an die herrschenden Klassen in Italien!"[73]

4 Fazit

Vergleicht man die Berichterstattungen der Fränkischen Tagespost mit denen des Bamberger Tagblatts, lässt sich festhalten, dass die politischen Tendenzen der Zeitungen Auswirkungen auf den Inhalt der Meldungen und die Darstellungsweise des Attentats hatten. Aufgrund der konservativen Einstellung des Bamberger Tagblatts,

---

[68] Bamberger Tagblatt, 15. September 1898, Nr. 213.
[69] Bamberger Tagblatt, 12. September 1898, Nr. 210.
[70] Vgl. Fränkische Tagespost, 14. September 1898, Nr. 215.
[71] Ebd.
[72] Vgl. Fränkische Tagespost, 15. – 17. September 1898, Nr. 215 – 217.
[73] Fränkische Tagespost, 14. September 1898, Nr. 215.

zeigte sich die Zeitung vom Tod der österreichischen Kaiserin sichtlich betroffen. Alleine die Bezeichnung der Kaiserin als „Ihre Majestät"[74] verdeutlichte, dass das Blatt Anhänger der Monarchie war und die Mitglieder der Kaiserfamilie würdigte. Die zahlreichen Meldungen über den Umgang mit der Leiche, die Trauerkundgebungen und die Beerdigung der Kaiserin drückten eben diese Würdigung und Wertschätzung aus.[75] Auch die Nachrichten über den Gemütszustand des österreichischen Kaisers Franz Joseph vermittelten eine gewisse Anteilnahme und Verbundenheit.[76] Insgesamt stand in den Meldungen des Bamberger Tagblatts die Kaiserin im Fokus und nicht Lucheni. Die Fränkische Tagespost hingegen nahm Lucheni und dessen politische Ansichten etwas genauer unter Betracht. Da die Fränkische Tagespost eine sozialdemokratische Zeitung war, ist es wenig verwunderlich, dass die Anteilnahme am Tod der Kaiserin vergleichsweise gering ausfiel. Zwar bezeichnete die Zeitung die Tat als „grauenhaftes Ereignis"[77], berichtete aber weder über Trauerkundgebungen noch über die Beerdigung der Kaiserin. Stattdessen bemühte sie sich, die Anschuldigungen nationalliberaler Zeitungen von sich zu weisen, indem sie Lucheni als geisteskrank darstellte und betonte, jegliche Form von Gewalt zu verachten.[78] In den weiteren Meldungen zum Attentat machte die Fränkische Tagespost die italienische Regierung für den Mord an Kaiserin Elisabeth verantwortlich und äußerte den Verdacht eines durch die italienische Polizei inszenierten anarchistischen Komplotts.[79] Unabhängig von den unterschiedlichen Berichterstattungen der bayerischen Zeitungen kann abschließend gesagt werden, dass das tragische Leben der österreichischen Kaiserin durch die Ermordung des Anarchisten Luigi Lucheni ein noch tragischeres Ende fand. Obwohl das Attentat bereits vor über 120 Jahren statt fand, wirkt das Schicksal von Kaiserin Elisabeth bis in die heutige Zeit nach. Durch Straßenbenennungen, Denkmäler und die berühmten Sisi-Filme bleibt die Kaiserin von Österreich und Königin von Ungarn auch bis heute unvergessen.[80]

---

[74] Bamberger Tagblatt, 14. September 1898, Nr. 212.
[75] Vgl. Bamberger Tagblatt, 14 – 15. September 1898, Nr. 212 – 213.
[76] Vgl. Bamberger Tagblatt, 13. – 14 September 1898, Nr. 211 – 212.
[77] Fränkische Tagespost, 12. September 1898, Nr. 213.
[78] Vgl. Ebd.
[79] Vgl. Fränkische Tagespost, 14 – 17. September, Nr. 215 -218.
[80] Vgl. Vocelka, Sisi, S. 116 – 120.

Quellen- und Literaturverzeichnis

Quellen

Bamberger Tagblatt, 12. September 1898 – 19. September 1898, Nr. 210 – 215.

Brigitte Hamann, Das poetische Tagebuch (Fontes rerum Austriacarum 12), Wien 1984.

Fränkische Tagespost, 12. September 1898 – 17. September 1898, Nr. 213 – 218.

Irma Gräfin Sztáray, Aus den letzten Jahren der Kaiserin Elisabeth, Wien 2004.

Luigi Lucheni, »Ich bereue nichts«. Die Aufzeichnungen des Sisi-Mörders, München 2000.

Maria Matray / Answald Krüger, Das Attentat. Der Tod der Kaiserin Elisabeth und die Tat des Anarchisten Lucheni, München 2000.

Literatur

Alexander Demandt, Das Attentat als Ereignis, in: Alexander Demandt (Hg.), Das Attentat in der Geschichte, Köln u. a. 1996, S. 449-462.

Barbara Demandt, Das Attentat auf Kaiserin Elisabeth von Österreich 1898, in: Alexander Demandt (Hg.), Das Attentat in der Geschichte, Köln u. a. 1996, S. 267-294.

Brigitte Hamann, Elisabeth. Kaiserin wider Willen. Wien/München 1982.

Gaby Schuster, Sissi. Schicksal einer Kaiserin, Bindlach 1999.

Irma Gräfin Sztáray, Aus den letzten Jahren der Kaiserin Elisabeth, Wien 2004.

Katrin Unterreiner, Sisi. Mythos und Wahrheit, Wien 2015.

Luigi Lucheni, »Ich bereue nichts«. Die Aufzeichnungen des Sisi-Mörders, München 2000.

Maria Matray / Answald Krüger, Das Attentat. Der Tod der Kaiserin Elisabeth und die Tat des Anarchisten Lucheni, München 2000.

Michaela Vocelka / Karl Vocelka, Sisi. Leben und Legende einer Kaiserin (Beck'sche Reihe 2829), München 2014.

Ulrich Linse, Anarchismus, in: Historisches Lexikon Bayerns, URL: <https://www.historisches-lexikon-bayerns.de/Lexikon/Anarchismus

Abbildungsverzeichnis

Abbildung 1: Die Mordwaffe: Eine spitze, selbstkonstruierte Dreikantfeile.[81]

Abbildung 2: Kurze Zeit nach dem Attentat wird Luigi Lucheni lächelnd von zwei Gendarmen abgeführt.[82]

---

[81] Lucheni, »Ich bereue nichts«, S. 128f.
[82] Matray / Krüger, Das Attentat, S. 128f.

Abbildung 3: Luchenis Brief vom 11. September 1898 an den Chefredakteur der Zeitung Don Marzio aus Neapel.[83]

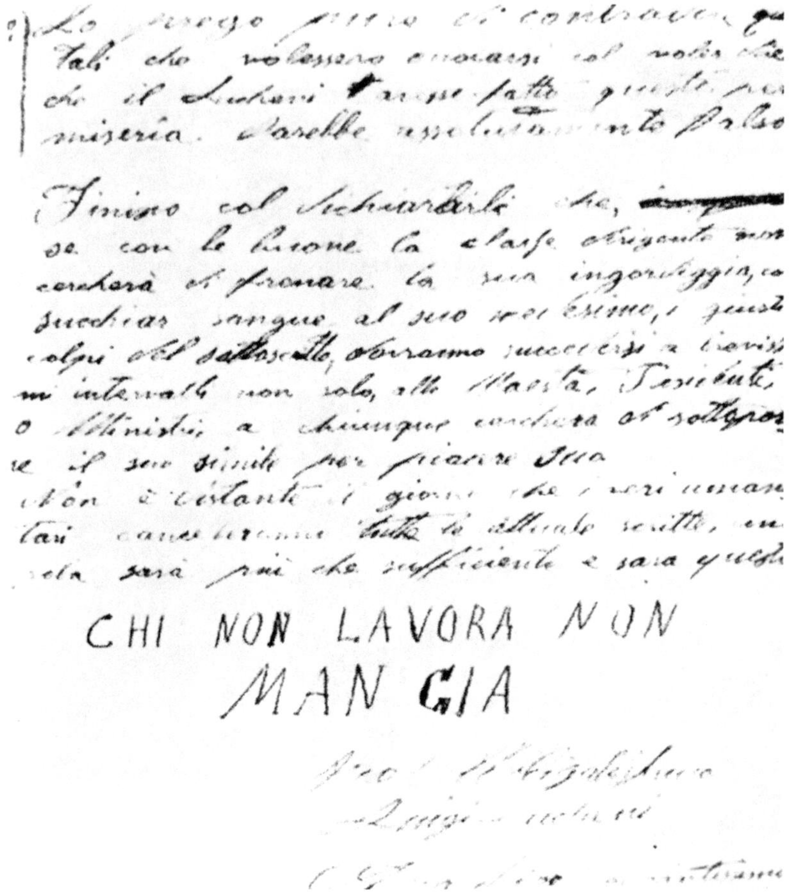
CHI NON LAVORA NON
MANGIA

[83] Matray / Krüger, Das Attentat, S. 208f.